KKPRZYPRAWIONA I PARZONA KAWA DO PARZENIA W DOMU

100 PRZEPISÓW DO UPARZENIA W DOMU

Sylwia Ostrowska

Wszelkie prawa zastrzeżone.

Zastrzeżenie

Informacje zawarte w tym eBooku mają służyć jako kompleksowy zbiór strategii, na temat których autor tego eBooka przeprowadził badania. Streszczenia, strategie, porady i triki stanowią jedynie rekomendację autora i przeczytanie tego eBooka nie gwarantuje, że uzyskane wyniki będą dokładnie odzwierciedlać wyniki autora. Autor eBooka dołożył wszelkich starań, aby zapewnić czytelnikom eBooka aktualne i dokładne informacje. Autor i jego współpracownicy nie ponoszą odpowiedzialności za jakiekolwiek niezamierzone błędy lub pominięcia, które mogą zostać znalezione. Materiał zawarty w eBooku może zawierać informacje pochodzące od osób trzecich. Materiały stron trzecich zawierają opinie wyrażone przez ich właścicieli. W związku z tym autor eBooka nie ponosi odpowiedzialności za jakiekolwiek materiały lub opinie osób trzecich. Niezależnie od tego, czy chodzi o rozwój Internetu, czy też o nieprzewidziane zmiany w polityce firmy i wytycznych dotyczących publikacji, to, co zostało uznane za fakt w chwili pisania tego tekstu, może później stać się nieaktualne lub nie mieć zastosowania.

EBook objęty jest prawami autorskimi © 2024, wszelkie prawa zastrzeżone. Rozpowszechnianie, kopiowanie lub tworzenie dzieł pochodnych na podstawie tego eBooka w całości lub w części jest nielegalne. Żadna część tego raportu nie może być powielana ani retransmitowana w jakiejkolwiek formie bez pisemnej i podpisanej zgody autora.

SPIS TREŚCI

SPIS TREŚCI..4

WSTĘP..8

MROŻONA KAWA..10

    1. Mrożony Mochacchino...11
    2. Kawa mrożona migdałowa..13
    3. Mrożona Kawa Cynamonowa....................................15
    4. Kawa z lodem..17
    5. Mrożona kawiarnia Au Lait..19
    6. Kremowa mrożona kawa...21
    7. Kawa mrożona z przyprawami...................................23

KAWA Z ALKOHOLEM..26

    8. Kawa z rumem...27
    9. Kawa po irlandzku Kahlua..29
    10. Irlandzkie cappuccino Bailey's.................................31
    11. Kawa z brandy...33
    12. Kahlua i sos czekoladowy...35
    13. Domowy likier kawowy...37
    14. Kawa z brandy Kahlua...39
    15. Espresso z limonkową tequilą..................................41
    16. Kawa słodzona brandy..43
    17. Kawa na kolację..45
    18. Słodka Kawa Klonowa...47
    19. Dublin Sen..49
    20. Kawa Di Saronno..51
    21. Kawa Baja..53
    22. Kawa Pralinowa..55

23. Likier pralinowy...57
24. Kawiarnia Amaretto..59
25. Kawiarnia Au Cin..61
26. Kolczaste Cappuccino.....................................63
27. Kawa po gaelicku...65
28. Kawa kanadyjska...67
29. Niemiecka kawa...69
30. Duńska kawa..71
31. Irlandzki koktajl kawowy Shooter Milkshake..........73
32. Stary, dobry irlandzki......................................75
33. Kawa po irlandzku Bushmills.........................77
34. Mocna irlandzka kawa....................................79
35. Kremowa kawa irlandzka................................81
36. Staroświecka irlandzka kawa.........................83
37. Lattetini..85

MOKKA...87

38. Mrożona mocha cappuccino..........................88
39. Oryginalna kawa mrożona..............................90
40. Kawa o smaku mokki......................................92
41. Pikantna meksykańska mokka......................94
42. Kawa Czekoladowa...96
43. Kawa Mokka z mięty pieprzowej....................98
44. Mokka włoskie espresso..............................100
45. Kawy czekoladowe..102
46. czekoladowa Amaretto.................................104
47. Czekoladowo-miętowy pływak do kawy......106
48. Kawa kakaowa...108
49. Mokka kakaowo-orzechowa........................110
50. Kawa czekoladowo-miętowa.......................112
51. Kawiarnia Au Lait..114
52. Włoska kawa z czekoladą............................116
53. Półsłodka mokka..118

KAWA PRZYPRAWIONA 120

54. Kawa z przyprawami pomarańczowymi 121
55. Przyprawiona śmietanka do kawy 123
56. Kawa z przyprawionym kardamonem 125
57. Kawiarnia Ola 127
58. Kawa waniliowo-migdałowa 129
59. Arabska Jawa 131
60. Kawa z miodem 133
61. Cafe Vienna Desire 135
62. Kawa o smaku cynamonu 137
63. Ekspres cynamonowy 139
64. Kawa z przyprawami meksykańskimi 141
65. Wietnamska kawa jajeczna 143
66. Turecka kawa 145
67. Latte z przyprawioną dynią 148
68. Karmelowe latte 151

FRAPPUCCINO I CAPPUCINO 154

69. Karmelowe frappuccino 155
70. Malinowe frappuccino 157
71. Koktajl kawowo-mleczny 159
72. Mocha Frappe 161
73. Natychmiastowe karmelowe frappuccino 163
74. Mango Frappe 165
75. Kawiarnia Capuccino 167
76. Shake Cappuccino 169
77. Kremowe cappuccino 171
78. Mrożone Cappuccino 173

KAWA OWOCOWA 175

79. Kawa Malinowa 176
80. Świąteczna kawa 178
81. Bogata kawa kokosowa 180

82. Czekoladowa Kawa Bananowa..................................182
83. Kawa z Czarnego Lasu...184
84. Kawa Maraschino..186
85. Czekoladowa Kawa Migdałowa............................188
86. Kawa z napojem gazowanym................................190
87. Kawa wiedeńska..192
88. Espresso Romano..194

MIESZANKI KAWOWE...196

89. Kawiarnia Au Lait..197
90. Natychmiastowe pomarańczowe cappuccino..........199
91. Mieszanka mokki w stylu szwajcarskim.................201
92. Natychmiastowa kremowa kawa irlandzka............203
93. Mieszanka kawy mokka...205
94. Kawa rozpuszczalna typu Mocha..........................207
95. Wiedeńska mieszanka kawowa..............................209
96. Mieszanka kawowa na noc....................................211
97. Mieszanka Cappuccino..213
98. Mieszanka kawiarnianego cappuccino....................215
99. Luizjana Kawiarnia z Mlekiem...............................217
100. Kawa z Indii Zachodnich......................................219

WNIOSEK..221

WSTĘP

Dlaczego tak kochamy kawę? No, poza tym, że jest mega pyszne!
Filiżanka parującej kawy to pierwsza rzecz, po którą sięgają miliony ludzi każdego ranka, a istnieje wiele powodów, dla których robią to codziennie. Zawarta w niej kofeina odgrywa dwie role w tym, dlaczego ludzie piją kawę. Po pierwsze, kofeina zawarta w kawie poprawia krążenie krwi i dodaje energii. Osoby pracujące wcześnie rano zazwyczaj polegają na kawie, która pomaga im przetrwać dzień w pracy.
Innym powodem, dla którego ludzie piją kawę, jest to, że kofeina uzależnia. W kawie znajduje się wiele substancji chemicznych, które nadają jej właściwości uzależniające, a kofeina jest z nich najważniejsza. Odstawienie kofeiny może powodować bóle głowy i drażliwość, dlatego wiele osób woli nie rezygnować z kawy.
Kawa stała się napojem bardzo towarzyskim, podobnym popularnością do alkoholu. Poranki w lokalnej kawiarni to miejsce, w którym można spotkać się z przyjaciółmi lub porozmawiać o sprawach biznesowych. Ludzie

mają tendencję do picia kawy na tych spotkaniach, niezależnie od tego, czy im się to podoba, czy nie, co ostatecznie pomaga im rozwinąć w sobie smak kawy, co prowadzi do uzależnienia.

Osoby pijące kawę twierdzą, że piją ją, aby się zrelaksować. Choć może się to wydawać oksymoronem, biorąc pod uwagę, że kawa działa pobudzająco, filiżanka gorącej kawy bezkofeinowej lub, w przypadku niektórych osób, nawet zwykłej kawy może zrelaksować zmysły, wyciszyć się i uspokoić nerwy. Naukowcy przypisują działanie uspokajające pobudzeniu zmysłów, co pomaga w kreatywności i bodźcach psychicznych, co z kolei pomaga uspokoić niektórych ludzi.

MROŻONA KAWA

1. Mrożony Mochacchino

Składniki:
- 1/2 szklanki parzonego espresso, schłodzonego
- 6 łyżek syropu czekoladowego
- 1 łyżka cukru
- 1/2 szklanki mleka
- 1 szklanka lodów waniliowych lub mrożonego jogurtu
- 1/4 szklanki gęstej śmietany, delikatnie ubitej

Wskazówki

a) Do blendera włóż espresso, syrop czekoladowy, cukier i mleko i zmiksuj do połączenia.
b) Dodaj lody lub jogurt i mieszaj, aż masa będzie gładka.
c) Przelać mieszaninę do dwóch schłodzonych szklanek i udekorować bitą śmietaną i kawałkami czekolady lub posypać cynamonem lub kakao.

2. Kawa mrożona migdałowa

Składniki:
- 1 szklanka mocnej parzonej kawy
- 1 szklanka odtłuszczonego mleka
- 1/2 łyżeczki ekstraktu waniliowego
- 1/2 łyżeczki ekstraktu migdałowego
- 1 łyżeczka cukru
- Cynamon do dekoracji
- Polewa deserowa

Wskazówki

a) Połącz 1 szklankę mocnej parzonej kawy z 1 szklanką odtłuszczonego mleka, ekstraktem waniliowym, ekstraktem migdałowym i cukrem.
b) Wlać do szklanek wypełnionych lodem o pojemności 2-10 uncji
c) Udekoruj cynamonem.

3. Mrożona Kawa Cynamonowa

Składniki:
- 4 filiżanki mocnej kawy (użyj 2 do 4 łyżeczek rozpuszczalnych na 1 filiżankę wrzącej wody
- 1 3-calowy laska cynamonu, połamana na małe kawałki
- 1/2 szklanki gęstej śmietanki
- Syropy kawowe występują w wielu smakach. Wanilia będzie uzupełnieniem cynamonu.

Wskazówki

a) Kawałki cynamonu zalać gorącą kawą; przykryć i odstawić na około 1 godzinę.
b) Usuń cynamon i wymieszać ze śmietaną. Dokładnie ostudź.
c) Przed podaniem rozlać do szklanek wypełnionych lodem. Dodaj żądaną ilość syropu kawowego.
d) W razie potrzeby góra ze słodzoną bitą śmietaną i posypać mielonym cynamonem. Użyj lasek cynamonu jako mieszadeł.

4. Kawa z lodem

Składniki:
- 2 filiżanki zaparzonego espresso
- 1/4 szklanki cukru
- 1/2 łyżeczki mielonego cynamonu

Wskazówki

a) W rondlu na średnim ogniu gotuj wszystkie składniki tylko do rozpuszczenia.

b) Umieść mieszaninę w metalowym naczyniu, przykryj i zamrażaj przez co najmniej 5 godzin, mieszając zewnętrzną zamrożoną mieszaninę na środku co pół godziny, aż będą twarde, ale nie zmrożone.

c) Tuż przed podaniem zeskrob mieszankę widelcem, aby rozjaśnić konsystencję. Na 4 (1/2 szklanki) porcji.

5. Mrożona kawiarnia Au Lait

Składniki:
- 2 1/4 Zimnej, świeżo parzonej kawy
- 2 szklanki mleka
- 2 szklanki kruszonego lodu
- Cukier do smaku

Wskazówki
a) Wszystkie składniki zmiksuj w blenderze.
b) Dodać cukier i dalej miksować, aż powstanie piana.
c) Wlać na lód
d) Natychmiast podawaj.

6. Kremowa mrożona kawa

Składniki:
- 1 filiżanka schłodzonej mocnej kawy parzonej
- 2 zaokrąglone łyżki cukru pudru
- 3 szklanki posiekanego lodu

Wskazówki
a) Połączyć kawę, cukier i lód
b) Mieszaj, aż uzyskasz kremową konsystencję

7. Kawa mrożona z przyprawami

Na 4 filiżanki

Składniki

- 1/2 szklanki grubo mielonej kawy
- 4 szklanki wody o temperaturze pokojowej
- 1 laska cynamonu
- 1 cała gałka muszkatołowa, rozgnieciona
- Mleko lub śmietana do podania
- Miód lub cukier do podania

Wskazówki

a) Grubo zmiel kawę. Za pomocą młotka lekko rozbij laskę cynamonu i całą gałkę muszkatołową.
b) W dużym naczyniu dodaj kawę i przyprawy oraz wodę o temperaturze pokojowej lub lekko ciepłą. Wymieszaj i odstaw do zaparzenia na co najmniej 4 godziny, a najlepiej na noc.

c) Odcedź kawę za pomocą francuskiej prasy lub poczekaj, aż odcieknie przez filtr.

d) Wlej kawę na lód i dodaj trochę słodzika i/lub śmietanki lub mleka, jeśli chcesz. Ale jest też świetny, czarny!

KAWA Z ALKOHOLEM

8. Kawa z rumem

Składniki:
- 12 uncji. Kawa świeżo mielona, najlepiej czekoladowo-miętowa lub szwajcarska czekolada
- 2 uncje. Lub więcej 151 Rumu
- 1 Duża łyżka bitej śmietany
- 1 uncja. Irlandzki krem Baileys
- 2 łyżki syropu czekoladowego

Wskazówki

a) Świeżo zmieloną kawę.
b) Napar.
c) W dużym kubku włóż 2+ oz. 151 rumu na dole.
d) Wlej gorącą kawę do kubka do 3/4 wysokości.
e) Dodaj irlandzki krem Bailey's.
f) Zamieszać.
g) Całość posypujemy świeżą bitą śmietaną i polewamy syropem czekoladowym.

9. Kawa po irlandzku Kahlua

Składniki:
- 2 uncje. Kahlua lub likier kawowy
- 2 uncje. Irlandzka whiskey
- 4 filiżanki gorącej kawy
- 1/4 szklanki bitej śmietanki

Wskazówki

a) Wlej pół uncji likieru kawowego do każdej filiżanki. Dodaj pół uncji irlandzkiej whisky do każdego
b) filiżanka. Dolać parującą, świeżo parzoną, gorącą kawę, wymieszać. Łyżka dwie czubate
c) Na wierzch każdego po łyżce bitej śmietany. Podawaj na gorąco, ale nie tak gorąco, aby poparzyć usta.

10. Irlandzkie cappuccino Bailey's

Składniki:

- 3 uncje Irlandzki krem Bailey's
- 5 uncji Gorąca kawa -
- Polewa deserowa w puszkach
- 1 kreska gałki muszkatołowej

Wskazówki

a) Wlej irlandzki krem Bailey's do kubka do kawy.
b) Napełnij gorącą czarną kawą. Całość posyp pojedynczą porcją polewy deserowej.
c) Posyp deserową odrobiną gałki muszkatołowej

11. Kawa z brandy

Składniki:
- 3/4 szklanki gorącej, mocnej kawy
- 2 uncje brandy
- 1 łyżeczka cukru
- 2 uncje gęstej śmietanki

Wskazówki

a) Wlej kawę do wysokiego kubka. Dodać cukier i mieszać do rozpuszczenia.
b) Dodać brandy i ponownie wymieszać. Wlać śmietankę na grzbiet łyżeczki, trzymając ją nieco powyżej górnej krawędzi kawy w filiżance. Dzięki temu może pływać.
c) Podawać.

12. Kahlua i sos czekoladowy

Składniki:
- 6 filiżanek gorącej kawy
- 1 szklanka syropu czekoladowego
- 1/4 szklanki Kahlui
- $\frac{1}{8}$ łyżeczki mielonego cynamonu
- Bita śmietana

Wskazówki

a) Połącz kawę, syrop czekoladowy, Kahlua i cynamon w dużym pojemniku; dobrze wymieszać.

b) Natychmiast podawaj. Posmaruj bitą śmietaną.

13. Domowy likier kawowy

Składniki:

- 4 szklanki cukru
- 1/2 filiżanki kawy rozpuszczalnej – użyj przefiltrowanej wody
- 3 szklanki wody
- 1/4 łyżeczki soli
- 1 1/2 szklanki wódki o wysokiej zawartości alkoholu
- 3 łyżki wanilii

Wskazówki

a) Połącz cukier i wodę; gotować, aż cukier się rozpuści. Zmniejsz ogień i gotuj na wolnym ogniu 1 godzina.
b) OSTUDZIĆ.
c) Wymieszać z wódką i wanilią.

14. Kawa z brandy Kahlua

Składniki:
- 1 uncja Kahlua
- 1/2 uncji brandy
- 1 filiżanka gorącej kawy
- Bita śmietana do posypania

Wskazówki
a) Do kawy dodaj Kahlua i brandy
b) Udekoruj bitą śmietaną

15. Espresso z limonkową tequilą

Składniki:
- Podwójne espresso
- 1 kieliszek Białej Tequili
- 1 świeża limonka

Wskazówki

a) Nałóż plasterek limonki na brzeg szklanki do espresso.
b) Wlej podwójny shot espresso na lód.
c) Dodaj pojedynczy kieliszek Białej Tequili
d) Podawać

16. Kawa słodzona brandy

Składniki:
- 1 filiżanka świeżo parzonej kawy
- 1 uncja. likier kawowy
- 1 łyżeczka syropu czekoladowego
- 1/2 uncji Brandy
- 1 szczypta cynamonu
- Słodka bita śmietana

Wskazówki

a) W kubku wymieszaj likier kawowy, brandy, syrop czekoladowy i cynamon. Napełnij świeżo parzoną kawą.

b) Posmaruj bitą śmietaną.

17. Kawa na kolację

Składniki:

- 3 filiżanki bardzo gorącej kawy bezkofeinowej
- 2 łyżki cukru
- 1/4 szklanki jasnego lub ciemnego rumu

Wskazówki

a) W rozgrzanym garnku połącz bardzo gorącą kawę, cukier i rum.
b) Podwójnie w razie potrzeby.

18. Słodka Kawa Klonowa

Składniki:
- 1 szklanka Pół na pół
- 1/4 szklanki syropu klonowego
- 1 filiżanka gorącej parzonej kawy
- Słodzona bita śmietana

Wskazówki

a) W rondlu na średnim ogniu ugotuj pół na pół i syrop klonowy. Ciągle mieszając, aż do całkowitego podgrzania. Nie dopuścić do wrzenia mieszaniny.

b) Dodać kawę i podawać ze słodzoną bitą śmietaną.

19. Dublin Sen

Składniki:

- 1 Łyżka kawy rozpuszczalnej
- 1 1/2 łyżki błyskawicznej gorącej czekolady
- 1/2 uncji Irlandzki likier śmietankowy
- 3/4 szklanki wrzącej wody
- 1/4 szklanki bitej śmietany

Wskazówki

a) W szklance do kawy irlandzkiej umieść wszystkie składniki oprócz bitej śmietany.

b) Mieszaj, aż składniki dobrze się połączą i udekoruj bitą śmietaną.

20. Kawa Di Saronno

Składniki:

- 1 uncja. Di saronno amaretto
- 8 uncji Kawa
- Bita śmietana

Wskazówki

a) Zmiksuj Di Saronno Amaretto z kawą, a następnie posyp bitą śmietaną.
b) Podawać w irlandzkim kubku do kawy.

21. Kawa Baja

Składniki:
- 8 szklanek gorącej wody
- 3 łyżki granulatu kawy rozpuszczalnej
- 1/2 szklanki likieru kawowego
- 1/4 szklanki likieru Crème de Cacao
- 3/4 szklanki bitej śmietany
- 2 łyżki stołowe półsłodkiej czekolady, startej

Wskazówki

a) W wolnowarze połącz gorącą wodę, kawę i likiery.
b) Przykryj i podgrzej na poziomie NISKIM 2-4 godziny. Rozlać do kubków lub szklanek żaroodpornych.
c) Całość posypujemy bitą śmietaną i startą czekoladą.

22. Kawa Pralinowa

Składniki:
- 3 filiżanki gorącej parzonej kawy
- 3/4 szklanki Pół na pół
- 3/4 szklanki mocno zapakowanego brązowego cukru
- 2 łyżki masła lub margaryny
- 3/4 szklanki likieru pralinowego
- Słodzona bita śmietana

Wskazówki

a) Ugotuj pierwsze 4 składniki w dużym rondlu na średnim ogniu, ciągle mieszając, aż do całkowitego podgrzania, nie gotuj.

b) Wymieszaj likier; podawać ze słodzoną bitą śmietaną.

23. Likier pralinowy

Składniki:
- 2 szklanki ciemnobrązowego cukru – mocno zapakowane
- 1 szklanka cukru białego
- 2 1/2 szklanki wody
- 4 szklanki kawałków orzechów pekan
- 4 laski wanilii przecięte wzdłuż
- 4 szklanki wódki

Wskazówki

a) Połącz brązowy cukier, biały cukier i wodę w rondlu na średnim ogniu, aż mieszanina zacznie wrzeć. Zmniejsz ogień i gotuj 5 minut.

b) Włóż laskę wanilii i orzechy pekan do dużego szklanego słoika (w sumie wychodzi 4 1/2 filiżanki). Wlej gorącą mieszankę do słoika i odstaw do ostygnięcia. Dodaj wódkę.

c) Szczelnie zamknij i przechowuj w ciemnym miejscu. Przez następne 2 tygodnie codziennie odwracaj słoik, aby wszystkie składniki się połączyły. Po 2 tygodniach odcedź mieszaninę, odrzucając substancje stałe.

24. Kawiarnia Amaretto

Składniki:

- 1 1/2 szklanki ciepłej wody
- 1/3 szklanki Amaretto
- 1 łyżka kryształków kawy rozpuszczalnej
- Polewa z bitą śmietaną

Wskazówki

a) Wymieszaj wodę i kryształki kawy rozpuszczalnej w naczyniu nadającym się do kuchenki mikrofalowej.
b) Kuchenka mikrofalowa odkryta, na 100% mocy przez około 3 minuty lub tylko do momentu, aż będzie gorąca.
c) Wymieszaj Amaretto. Podawać w przezroczystych szklanych kubkach. Każdą filiżankę mieszanki kawowej posypujemy polewą deserową.

25. Kawiarnia Au Cin

Składniki:
- 1 filiżanka zimnej, mocnej francuskiej kawy palonej
- 2 łyżki cukru granulowanego
- odrobina cynamonu
- 2 uncje. Tawny port
- 1/2 łyżeczki startej skórki pomarańczowej

Wskazówki

a) Połączyć i zmiksować w blenderze na wysokich obrotach.
b) Wlać do schłodzonych kieliszków do wina.

26. Kolczaste Cappuccino

Składniki:
- 1/2 szklanki Pół na pół
- 1/2 filiżanki świeżo parzonego espresso
- 2 łyżki brandy
- 2 łyżki białego rumu
- 2 łyżki ciemnego kremu kakaowego
- Cukier

Wskazówki

a) Ubij pół na pół w małym rondlu na dużym ogniu, aż stanie się pienisty, około 3 minut.
b) Podziel kawę espresso pomiędzy 2 filiżanki. Do każdej filiżanki dodaj połowę brandy i połowę kremu kakaowego.
c) Ponownie ubić pół na pół i rozlać do pucharków.
d) Cukier jest opcjonalny

27. Kawa po gaelicku

Składniki:
- Czarna kawa; świeżo zrobione
- Szkocka whisky
- Surowy brązowy cukier
- Prawdziwa bita śmietana; ubijać, aż masa będzie lekko gęsta

Wskazówki

a) Wlać kawę do ogrzanej szklanki.
b) Dodaj whisky i brązowy cukier do smaku. Dobrze wymieszać.
c) Wlej trochę lekko ubitej śmietany do szklanki ponad grzbietem łyżeczki, która znajduje się tuż nad górną krawędzią płynu w filiżance.
d) Powinno trochę pływać.

28. Kawa kanadyjska

Składniki:
- 1/4 szklanki syropu klonowego; czysty
- 1/2 szklanki whisky żytniej
- 3 filiżanki kawy; gorąca, czarna, podwójna siła

Byczy:
- 3/4 szklanki bitej śmietanki
- 4 łyżeczki czystego syropu klonowego

Wskazówki

a) Polewa: Ubij 3/4 szklanki bitej śmietany z 4 łyżkami syropu klonowego, aż utworzy się miękka masa.
b) Rozlej syrop klonowy i whisky do 4 podgrzanych, żaroodpornych kubków szklanych.
c) Wlać kawę do wysokości 1 cala od góry.
d) Posypka łyżeczką do kawy.
e) Podawać

29. Niemiecka kawa

Składniki:

- 1/2 uncji wiśniowej brandy
- 5 uncji świeżej czarnej kawy
- 1 łyżeczka bitej śmietany z cukrem
- Maraschino cherry

Wskazówki

a) Wlej kawę i brandy wiśniową do filiżanki i dodaj cukier dla osłodzenia.

b) Na wierzch połóż bitą śmietanę i wiśnię maraschino.

30. Duńska kawa

Składniki:

- 8c Gorąca kawa
- 1 c Ciemny rum
- 3/4 szklanki cukru
- 2 laski cynamonu
- 12 goździków (całych)

Wskazówki

a) W bardzo dużym, ciężkim rondlu połączyć wszystkie składniki, przykryć i trzymać na małym ogniu przez około 2 godziny.
b) Podawać w kubkach do kawy.

31. Irlandzki koktajl kawowy Shooter Milkshake

Składniki:

- 1/2 szklanki odtłuszczonego mleka
- 1/2 szklanki zwykłego jogurtu o niskiej zawartości tłuszczu
- 2 łyżeczki cukru
- 1 łyżeczka kawy rozpuszczalnej w proszku
- 1 łyżeczka irlandzkiej whisky

Wskazówki

a) Wszystkie składniki umieścić w blenderze ustawionym na niską prędkość.
b) Mieszaj, aż zobaczysz, że składniki się ze sobą połączyły.
c) Do prezentacji użyj wysokiej szklanki typu shake.

32. Stary, dobry irlandzki

Składniki:
- 1,5 uncji irlandzkiego likieru śmietankowego
- 1,5 uncji irlandzkiej whisky
- 1 filiżanka gorącej parzonej kawy
- 1 łyżka bitej śmietany
- 1 szczypta gałki muszkatołowej

Wskazówki

a) W kubku do kawy połącz irlandzką śmietankę i irlandzką whisky.
b) Napełnij kubek kawą. Na wierzch połóż kleks bitej śmietany.
c) Udekoruj odrobiną gałki muszkatołowej.

33. Kawa po irlandzku Bushmills

Składniki:
- 1 1/2 uncji irlandzkiej whisky Bushmills
- 1 łyżeczka brązowego cukru (opcjonalnie)
- 1 kreska Crème de menthe, zielona
- Ekstra mocna, świeża kawa
- Bita śmietana

Wskazówki

a) Wlej whisky do filiżanki po irlandzkiej kawie i napełnij kawą do 1/2 cala od góry. Dodać cukier do smaku i wymieszać. Na wierzch połóż bitą śmietanę i polej crème de menthe.

b) Zanurz brzeg filiżanki w cukrze, aby pokryć brzegi.

34. Mocna irlandzka kawa

Składniki:
- 1 filiżanka mocnej kawy
- 1 1/2 uncji Irlandzka whisky
- 1 łyżeczka cukru
- 1 łyżka bitej śmietany

Wskazówki

a) Wymieszaj kawę, cukier i whisky w dużym kubku, który można podgrzewać w kuchence mikrofalowej.

b) Mikrofale na maksymalnej mocy 1 do 2 min. Posmaruj bitą śmietaną

c) Należy zachować ostrożność podczas picia, może potrzebować chwili do ostygnięcia.

35. Kremowa kawa irlandzka

Składniki:

- 1/3 szklanki irlandzkiego likieru śmietankowego
- 1 1/2 filiżanki świeżo parzonej kawy
- 1/4 szklanki gęstej śmietany, lekko słodzonej i ubitej

Wskazówki

a) Rozlej likier i kawę do 2 kubków.
b) Posmaruj bitą śmietaną.
c) Podawać.

36. Staroświecka irlandzka kawa

Składniki:
- 3/4 szklanki ciepłej wody
- 2 łyżki irlandzkiej whisky
- Nadzienie deserowe
- 1 1/2 łyżki kryształków kawy rozpuszczalnej
- Brązowy cukier do smaku

Wskazówki

a) Połącz wodę i kryształki kawy rozpuszczalnej. Kuchenka mikrofalowa, odkryta, włączona

b) 100% mocy około 1 1/2 minuty lub tylko do momentu, aż będzie gorące. Dodaj irlandzką whisky i brązowy cukier.

37. Lattetini

Składniki:

- 1 część likieru śmietankowego
- 1 ½ części wódki

Wskazówki

a) Wstrząsnąć z lodem i przecedzić do kieliszka Martini.

b) Cieszyć się

MOKKA

38. Mrożona mocha cappuccino

Składniki:

- 1 łyżka syropu czekoladowego
- 1 filiżanka gorącego podwójnego espresso lub bardzo mocnej kawy
- 1/4 szklanki Pół na pół
- 4 kostki lodu

Wskazówki

a) Syrop czekoladowy mieszaj z gorącą kawą, aż się rozpuści. W blenderze połącz kawę z pół na pół i kostkami lodu.

b) Miksuj na wysokich obrotach przez 2 do 3 minut.

c) Podawać natychmiast w wysokiej, zimnej szklance.

39. Oryginalna kawa mrożona

Składniki:

- 1/4 filiżanki kawy; błyskawiczne, zwykłe lub bezkofeinowe
- 1/4 szklanki cukru
- 1 litr lub kwarta zimnego mleka

Wskazówki

a) Kawę rozpuszczalną i cukier rozpuścić w gorącej wodzie. Wymieszaj 1 litr lub kwartę zimnego mleka i dodaj lód. Aby uzyskać smak mokki, użyj mleka czekoladowego i dodaj cukier do smaku.
b) Rozpuść 1 łyżkę kawy rozpuszczalnej i 2 łyżeczki cukru w 1 łyżce gorącej wody.
c) Dodać 1 szklankę zimnego mleka i wymieszać.
d) Zamiast cukru możesz dosłodzić niskokalorycznym słodzikiem

40. Kawa o smaku mokki

Składniki:
- 1/4 szklanki suchej śmietanki bezmlecznej
- 1/3 szklanki cukru
- 1/4 filiżanki suchej kawy rozpuszczalnej
- 2 łyżki kakao

Wskazówki

a) Wszystkie składniki umieścić w mikserze, ubijać na najwyższych obrotach, aż składniki się dobrze połączą. Wymieszaj 1 1/2 łyżki stołowej z filiżanką gorącej wody.

b) Przechowywać w szczelnym słoiku. Na przykład słoik konserwowy.

41. Pikantna meksykańska mokka

Składniki:

- 6 uncji mocnej kawy
- 2 łyżki cukru pudru
- 1 łyżka stołowa niesłodzonej mielonej czekolady w proszku
- 1/4 łyżeczki wietnamskiego cynamonu kasja
- 1/4 łyżeczki ziela angielskiego jamajskiego
- 1/8 łyżeczki pieprzu cayenne
- 1-3 łyżki gęstej śmietanki lub pół na pół

Wskazówki

a) W małej misce wymieszaj wszystkie suche składniki.
b) Wlać kawę do dużego kubka, wymieszać z kakao, aż masa będzie gładka.
c) Następnie dodać śmietanę do smaku.

42. Kawa Czekoladowa

Składniki:
- 2 łyżki kawy rozpuszczalnej
- 1/4 szklanki cukru
- 1 szczypta soli
- 1 uncja. Kwadraty niesłodzonej czekolady
- 1 szklanka wody
- 3 szklanki mleka
- Bita śmietana

Wskazówki
a) W rondlu wymieszaj kawę, cukier, sól, czekoladę i wodę; mieszać na małym ogniu, aż czekolada się rozpuści. Gotować 4 minuty, ciągle mieszając.
b) Stopniowo dodawaj mleko, ciągle mieszając, aż się zagotuje.
c) Gdy będzie gorąca, zdejmij z ognia i ubijaj ubijaczką obrotową, aż mieszanina zacznie się pienić.
d) Rozlać do pucharków i na powierzchnię każdego wylać porcję bitej śmietany.

43. Kawa Mokka z mięty pieprzowej

Składniki:
- 6 filiżanek świeżo parzonej kawy
- 1 1/2 szklanki mleka
- 4 uncje półsłodkiej czekolady
- 1 łyżeczka ekstraktu z mięty pieprzowej
- 8 lasek mięty pieprzowej

Wskazówki

a) W dużym rondlu umieść kawę, mleko i czekoladę, gotuj na małym ogniu przez 5-7 minut lub do momentu, aż czekolada się rozpuści, mieszanina się podgrzeje, od czasu do czasu mieszaj.
b) Wymieszaj ekstrakt z mięty pieprzowej
c) Rozlać do kubków
d) Udekoruj laską mięty pieprzowej

44. Mokka włoskie espresso

Składniki:

- 1 filiżanka kawy rozpuszczalnej
- 1 szklanka cukru
- 4 1/2 szklanki odtłuszczonego mleka w proszku
- 1/2 szklanki kakao

Wskazówki

a) Wymieszaj wszystkie składniki razem.
b) Zmiel w blenderze na proszek.
c) Użyj 2 łyżek stołowych na jedną małą filiżankę gorącej wody.
d) Podawać w filiżankach do espresso
e) Na około 7 filiżanek mieszanki
f) Przechowywać w szczelnie zamkniętym słoju.
g) Słoiki konserwowe dobrze sprawdzają się do przechowywania kawy.

45. Kawy czekoladowe

Składniki:
- 1/4 filiżanki espresso instant
- 1/4 szklanki kakao instant
- 2 szklanki Wrzącej wody – najlepiej używać wody przefiltrowanej
- Bita śmietana
- Drobno posiekana skórka pomarańczowa lub mielony cynamon

Wskazówki

a) Połącz kawę i kakao. Dodaj wrzącą wodę i mieszaj do rozpuszczenia. Wlać do filiżanek typu demitasse. Każdą porcję posypujemy bitą śmietaną, startą skórką pomarańczową i odrobiną cynamonu.

46. czekoladowa Amaretto

Składniki:

- Ziarna kawy Amaretto
- 1 łyżka ekstraktu waniliowego
- 1 łyżeczka ekstraktu migdałowego
- 1 łyżeczka kakao w proszku
- 1 łyżeczka cukru
- Bita śmietana do dekoracji

Wskazówki

a) Zaparz kawę.
b) Dodaj ekstrakt z wanilii i migdałów. 1 łyżeczka kakao i 1 łyżeczka cukru na filiżankę.
c) Udekoruj bitą śmietaną

47. Czekoladowo-miętowy pływak do kawy

Składniki:

- 1/2 szklanki gorącej kawy
- 2 łyżki likieru Crème de Cacao
- 1 gałka lodów miętowo-czekoladowych

Wskazówki

a) Na każdą porcję wymieszaj 1/2 filiżanki kawy i 2 łyżki stołowe
b) likieru.
c) Na wierzch połóż gałkę lodów.

48. Kawa kakaowa

Składniki:

- 1/4 szklanki śmietanki w proszku bez nabiału
- 1/3 szklanki cukru
- 1/4 filiżanki suchej kawy rozpuszczalnej
- 2 łyżki kakao

Wskazówki

a) Wszystkie składniki umieścić w blenderze, miksować na najwyższych obrotach, aż składniki się dobrze połączą.
b) Przechowywać w szczelnym słoju konserwowym.
c) Wymieszaj 1 1/2 łyżki stołowej z 3/4 szklanki gorącej wody

49. Mokka kakaowo-orzechowa

Składniki:

- 3/4 uncji Kahlua

- 1/2 szklanki gorącej kawy z orzechów laskowych

- 1 łyżeczka Nestle Quick
- 2 łyżki pół na pół

Wskazówki

a) Połącz wszystkie składniki w swoim ulubionym kubku.

b) Zamieszać

50. Kawa czekoladowo-miętowa

Składniki:

- 1/3 filiżanki kawy mielonej
- 1 łyżeczka ekstraktu czekoladowego
- 1/2 łyżeczki ekstraktu z mięty
- 1/4 łyżeczki ekstraktu waniliowego

Wskazówki

a) Włóż kawę do blendera.
b) W filiżance połącz ekstrakty, dodaj ekstrakty do kawy.
c) Przetwarzaj do momentu wymieszania, tylko kilka sekund.
d) Przechowywać w lodówce

51. Kawiarnia Au Lait

Składniki:

- 2 szklanki mleka
- 1/2 szklanki gęstej śmietanki
- 6 filiżanek kawy z Luizjany

Wskazówki

a) Połącz mleko i śmietanę w rondlu; doprowadzić do wrzenia (na brzegach patelni utworzą się bąbelki), następnie zdjąć z ognia.
b) Do każdej filiżanki wsyp niewielką ilość kawy.
c) Wlać pozostałą mieszankę kawy i gorącego mleka, tak aby filiżanki były wypełnione do około 3/4.
d) Mleko odtłuszczone można zastąpić mlekiem pełnym i śmietaną.

52. Włoska kawa z czekoladą

Składniki:
- 2 filiżanki gorącej, mocnej kawy
- 2 szklanki gorącego tradycyjnego kakao – wypróbuj markę Hershey's
- Bita śmietana
- Tarta skórka pomarańczowa

Wskazówki

a) Połącz 1/2 filiżanki kawy i 1/2 filiżanki kakao w każdym z 4 kubków.

b) Na wierzchu udekoruj bitą śmietaną; posypać startą skórką pomarańczową.

53. Półsłodka mokka

Składniki:
- 4 uncje Półsłodka czekolada
- 1 łyżka cukru
- 1/4 szklanki śmietanki do ubijania
- 4 filiżanki gorącej, mocnej kawy
- Bita śmietana
- Tarta skórka pomarańczowa

Wskazówki
a) Rozpuść czekoladę w ciężkim rondlu na małym ogniu.
b) Wymieszaj cukier i śmietanę.
c) Ubijaj kawę za pomocą trzepaczki, po 1/2 filiżanki na raz; kontynuować aż do uzyskania piany.
d) Całość posmaruj bitą śmietaną i posyp startą skórką pomarańczową.

KAWA PRZYPRAWIONA

54. Kawa z przyprawami pomarańczowymi

Składniki:

- 1/4 filiżanki kawy mielonej
- 1 łyżka stołowa startej skórki pomarańczowej
- 1/2 łyżeczki ekstraktu waniliowego
- 1 1/2 laski cynamonu

Wskazówki

a) Włóż kawę i skórkę pomarańczową do blendera lub robota kuchennego.
b) Zatrzymaj procesor na wystarczająco długo, aby dodać wanilię.
c) Przetwarzaj jeszcze 10 sekund.
d) Umieść mieszaninę w szklanym dzbanku z laskami cynamonu i wstaw do lodówki.

55. Przyprawiona śmietanka do kawy

Składniki:

- 2 szklanki szybkiego Nestlé
- 2 szklanki śmietanki do kawy w proszku
- 1/2 szklanki cukru pudru
- 3/4 łyżeczki cynamonu
- 3/4 łyżeczki gałki muszkatołowej

Wskazówki

a) Wszystkie składniki wymieszać i przechowywać w szczelnym słoiczku.

b) Zmieszaj 4 łyżeczki z jedną szklanką gorącej wody

56. Kawa z przyprawionym kardamonem

Składniki:

- 3/4 filiżanki kawy mielonej
- 2 2/3 szklanki wody
- Mielony kardamon
- 1/2 szklanki słodzonego skondensowanego mleka

Wskazówki

a) Zaparz kawę w trybie kroplowym lub w ekspresie perkolacyjnym.
b) Wlać do 4 szklanek.
c) Do każdej porcji dodaj odrobinę kardamonu i 2 łyżki skondensowanego mleka.
d) Zamieszać
e) Podawać

57. Kawiarnia Ola

Składniki:
- 8 szklanek filtrowanej wody
- 2 małe laski cynamonu
- 3 całe goździki
- 4 uncje ciemnobrązowego cukru
- 1 kwadrat półsłodkiej czekolady lub czekolady meksykańskiej
- 4 uncje kawy mielonej

Wskazówki

a) Doprowadź wodę do wrzenia.
b) Dodać cynamon, goździki, cukier i czekoladę.
c) Ponownie zagotuj, usuń pianę.
d) Zmniejsz ogień do małego i NIE DOPUSZCZAJ DO WRZENIA
e) Dodaj kawę i pozostaw do zaparzenia na 5 minut.

58. Kawa waniliowo-migdałowa

Składniki:

- 1/3 szklanki mielonej kawy
- 1 łyżeczka ekstraktu waniliowego
- 1/2 łyżeczki ekstraktu migdałowego
- 1/4 łyżeczki nasion anyżu

Wskazówki

a) Włóż kawę do blendera
b) Połącz pozostałe składniki w osobnym kubku
c) Dodaj ekstrakt i nasiona do kawy w blenderze
d) Przetwarzaj aż do połączenia
e) Używaj mieszanki jak zwykle podczas parzenia kawy
f) Robi porcje 8-6 uncji
g) Niezużytą porcję przechowuj w lodówce

59. Arabska Jawa

Składniki:

- 1 litr filtrowanej wody
- 3 łyżki kawy
- 3 łyżki cukru
- 1/4 łyżeczki cynamonu
- 1/4 łyżeczki kardamonu
- 1 łyżeczka cukru waniliowego lub cukru waniliowego

Wskazówki

a) Wszystkie składniki wymieszaj w rondelku i podgrzewaj, aż na wierzchu pojawi się piana.
b) Nie przechodzić przez filtr.
c) Wymieszaj przed podaniem

60. Kawa z miodem

Składniki:

- 2 filiżanki świeżej kawy
- 1/2 szklanki mleka
- 4 łyżki miodu
- 1/8 łyżeczki cynamonu
- Posiekaj gałkę muszkatołową lub ziele angielskie
- Kropla lub 2 ekstrakty waniliowe

Wskazówki

a) Podgrzej składniki w rondlu, ale nie gotuj.
b) Dobrze wymieszaj, aby połączyć składniki.
c) Pyszna kawa deserowa.

61. Cafe Vienna Desire

Składniki:
- 1/2 filiżanki kawy rozpuszczalnej
- 2/3 szklanki cukru
- 2/3 szklanki odtłuszczonego mleka modyfikowanego
- 1/2 łyżeczki cynamonu
- 1 szczypta Goździków – dostosuj do smaku
- 1 szczypta ziela angielskiego – dostosuj do smaku
- 1 szczypta gałki muszkatołowej – dostosuj do smaku

Wskazówki

a) Wymieszaj wszystkie składniki razem
b) Użyj blendera, aby zmiksować na bardzo drobny proszek. Stosować 1 łyżkę stołową na kubek gorącej, przefiltrowanej wody.

62. Kawa o smaku cynamonu

Składniki:
- 1/3 filiżanki kawy rozpuszczalnej
- 3 łyżki cukru
- 8 Całe goździki
- 3-calowy kij cynamonu
- 3 szklanki wody
- Bita śmietana
- Mielony cynamon

Wskazówki

a) Połącz 1/3 szklanki kawy rozpuszczalnej, 3 łyżki cukru, goździki, laskę cynamonu i wodę.

b) Przykryć, doprowadzić do wrzenia. Zdjąć z ognia i odstawić pod przykryciem na około 5 minut do zaparzenia.

c) Napięcie. Rozlać do pucharków i na wierzch każdego z nich włożyć łyżkę bitej śmietany. Dodaj odrobinę cynamonu.

63. Ekspres cynamonowy

Składniki:

- 1 szklanka zimnej wody
- 2 łyżki mielonej kawy espresso
- 1/2 laski cynamonu (3 cale długości)
- 4 łyżeczki Crème de Cacao
- 2 łyżeczki brandy
- 2 łyżki śmietanki bitej, schłodzonej
  Tarta półsłodka czekolada do dekoracji

Wskazówki

a) Użyj swojego ekspresu do przygotowania naprawdę mocnej kawy z niewielką ilością filtrowanej wody.
b) Laska cynamonu połamać na małe kawałki i dodać do gorącego espresso.
c) Pozostawić do ostygnięcia na 1 minutę.
d) Dodaj krem kakaowy i brandy i delikatnie wymieszaj. Wlać do demitasse
e) Kubki. Ubić śmietanę i na wierzch każdej filiżanki nałożyć odrobinę śmietany. Udekoruj startą czekoladą lub kawałkami czekolady.

64. Kawa z przyprawami meksykańskimi

Składniki:
- 3/4 szklanki brązowego cukru, mocno zapakowanego
- 6 goździków
- 6 Julienne plasterków skórki pomarańczowej
- 3 laski cynamonu
- 6 łyżek sp. Prawdziwa parzona kawa

Wskazówki

a) W dużym rondlu podgrzej 6 szklanek wody z brązowym cukrem, laskami cynamonu i goździkami na średnio dużym ogniu, aż mieszanina będzie gorąca, ale nie dopuść do wrzenia. Dodać kawę, doprowadzić mieszaninę do wrzenia, od czasu do czasu mieszając, przez 3 minuty.

b) Kawę przecedzić przez drobne sitko i podawać w filiżankach ze skórką pomarańczową.

65. Wietnamska kawa jajeczna

Składniki:

- 1 jajko
- 3 łyżeczki wietnamskiej kawy mielonej
- 2 łyżeczki słodzonego skondensowanego mleka
- Gotująca się woda

Wskazówki

a) Zaparz małą filiżankę wietnamskiej kawy.
b) Wbij jajko i wyrzuć białka.
c) Do małej, głębokiej miski włóż żółtko i słodzone skondensowane mleko i energicznie ubijaj, aż uzyskasz spienioną, puszystą mieszankę, taką jak ta powyżej.
d) Dodać łyżkę zaparzonej kawy i wymieszać.
e) Do przezroczystej filiżanki wsyp zaparzoną kawę, a następnie dodaj na nią puszystą masę jajeczną.

66. Turecka kawa

Składniki:

- 3/4 szklanki wody
- 1 łyżka cukru
- 1 łyżka sproszkowanej kawy
- 1 kapsułka kardamonu

Wskazówki

a) Zagotuj wodę i cukier.
b) Zdjąć z ognia, dodać kawę i kardamon
c) Dobrze wymieszaj i wróć do ognia.
d) Gdy kawa się spieni, zdejmij z ognia i poczekaj, aż fusy opadną.
e) Powtórz jeszcze dwa razy. Wlać do filiżanek.
f) Fusy z kawy powinny opaść przed wypiciem.
g) Kawę możesz podać z kapsułką kardamonu w filiżance – według własnego uznania

Porady dotyczące kawy po turecku

h) Zawsze należy podawać z pianką na wierzchu
i) Możesz poprosić o zmielenie kawy na kawę po turecku – ma ona konsystencję proszku.

j) Po nalaniu do kubków nie mieszać, gdyż pianka opadnie
k) Podczas przygotowywania zawsze używaj zimnej wody
l) Do kawy po turecku nigdy nie dodaje się śmietany ani mleka; jednakże cukier jest opcjonalny

67. Latte z przyprawioną dynią

Składniki:

- 2 łyżki dyni konserwowej
- 1/2 łyżeczki przyprawy do ciasta dyniowego i więcej do dekoracji
- Świeżo zmielony czarny pieprz
- 2 łyżki cukru
- 2 łyżki czystego ekstraktu waniliowego
- 2 szklanki pełnego mleka
- 1 do 2 porcji espresso, około 1/4 filiżanki
- 1/4 szklanki ciężkiej śmietany, ubijanej, aż utworzą się twarde szczyty

Wskazówki

a) Podgrzej dynię i przyprawy: W małym rondlu na średnim ogniu ugotuj dynię z przyprawą do ciasta dyniowego i dużą porcją czarnego pieprzu przez 2 minuty lub do momentu, aż będzie gorąca i zacznie pachnieć gotowaniem. Mieszaj stale.

b) Dodaj cukier i mieszaj, aż mieszanina będzie przypominać gęsty, musujący syrop.

c) Wymieszaj mleko i ekstrakt waniliowy. Delikatnie podgrzej na średnim ogniu, uważnie obserwując, czy nie wykipi.

d) Ostrożnie zmiksuj mieszankę mleczną za pomocą ręcznego blendera lub tradycyjnego blendera (dociśnij mocno pokrywkę grubym zwitkiem ręczników!), aż piana się spieni i się wymiesza.

e) Wymieszaj napoje: Przygotuj espresso lub kawę, rozlej je do dwóch kubków i dodaj spienione mleko.

f) Udekoruj bitą śmietaną i posyp przyprawą do ciasta dyniowego, cynamonem lub gałką muszkatołową, według uznania.

68. Karmelowe latte

Składniki:

- 2 uncje espresso
- 10 uncji mleka
- 2 łyżki domowego sosu karmelowego plus trochę do skropienia
- 1 łyżka cukru (opcjonalnie)

Wskazówki

a) Wlej espresso do filiżanki.
b) Umieść mleko w szerokim szklanym lub szklanym słoju i wstaw do kuchenki mikrofalowej na 30 sekund, aż będzie bardzo gorące, ale nie wrzące.
c) Alternatywnie, podgrzej mleko w rondlu na średnim ogniu przez około 5 minut, aż będzie bardzo gorące, ale nie wrzące, uważnie je obserwując.
d) Do gorącego mleka dodaj sos karmelowy i cukier (jeśli używasz) i mieszaj, aż się rozpuszczą.
e) Używając spieniacza do mleka, spieniaj mleko, aż nie będą widoczne żadne pęcherzyki i powstanie gęsta pianka, 20 do 30 sekund. Poruszaj szklanką i delikatnie uderzaj nią kilkakrotnie w blat, aby wybić większe bąbelki. Powtórz ten krok w razie potrzeby.

f) Za pomocą łyżki, aby powstrzymać pianę, wlej mleko do espresso. Na wierzch wyłóż pozostałą piankę.

FRAPPUCCINO I CAPPUCINO

69. Karmelowe frappuccino

Składniki:

- 1/2 szklanki zimnej kawy
- 3 łyżki cukru
- 1/2 szklanki mleka
- 2 szklanki lodu
- Bita śmietana – użyj tej z puszki, którą możesz wylać na wierzch
- 3 łyżki sosu karmelowego do lodów

Wskazówki

a) Połącz wszystkie składniki w blenderze
b) Mieszaj napój, aż lód zostanie pokruszony i napój będzie gładki
c) Podawać w schłodzonych kubkach do kawy z bitą śmietaną i skropionym sosem karmelowym.

70. Malinowe frappuccino

Składniki:

- 2 szklanki pokruszonych kostek lodu
- 1 1/4 filiżanki – bardzo mocna parzona kawa
- 1/2 szklanki mleka
- 2 łyżki syropu waniliowego lub malinowego
- 3 łyżki syropu czekoladowego
- Bita śmietana

Wskazówki

a) W blenderze połącz kostki lodu, kawę, mleko i syropy.
b) Mieszaj, aż będzie ładnie gładka.
c) Rozlać do schłodzonych, wysokich kubków lub szklanek typu fontanna.
d) Na wierzch połóż bitą śmietanę, polej czekoladą i syropem malinowym.
e) W razie potrzeby dodaj wiśnię maraschino

71. Koktajl kawowo-mleczny

Składniki:

- 2 szklanki mleka
- 2 łyżki cukru
- 2 łyżeczki kawy rozpuszczalnej
- 3 łyżki lodów waniliowych
- Mocna kawa, która jest zimna

Wskazówki

a) Dodaj wszystkie składniki do blendera w podanej kolejności i miksuj na wysokich obrotach, aż uzyskasz puszystą masę mieszany.

b) Podawać w szklankach z fontanną gazowaną.

72. Mocha Frappe

Składniki:
- 18 kostek lodu (maksymalnie 22)
- 7 uncji Kawa o podwójnej mocy, schłodzona
- 1/2 szklanki sosu czekoladowego (lub syropu)
- 2 łyżki syropu waniliowego
- Bita śmietana

Wskazówki

a) Użyj blendera.

b) Do blendera włóż lód, kawę, sos czekoladowy i syrop. Mieszaj, aż będzie gładka. Wlać do dużej, wysokiej, schłodzonej szklanki typu fontanna sodowa.

c) Udekoruj kleksem bitej śmietany lub gałką lodów.

73. Natychmiastowe karmelowe frappuccino

Składniki:

- 1/3 szklanki lodu
- 1/3 szklanki mleka
- 1 łyżka kawy rozpuszczalnej
- 2 łyżki syropu karmelowego

Wskazówki

a) Zmiksuj wszystkie składniki w blenderze, aż lód zostanie ładnie pokruszony, a mleko spienione.
b) Natychmiast podawaj.

74. Mango Frappe

Składniki:
- 1 1/2 szklanki pokrojonego mango
- 4-6 kostek lodu
- 1 szklanka mleka
- 1 łyżka soku z cytryny
- 2 łyżki cukru
- 1/4 łyżeczki ekstraktu waniliowego

Wskazówki
a) Włóż pokrojone mango do zamrażarki na 30 minut
b) Połącz mango, mleko, cukier, sok z cytryny i wanilię w blenderze. Mieszaj, aż będzie gładka.
c) Dodaj kostki lodu i miksuj, aż kostki również będą gładkie.
d) Natychmiast podawaj.

75. Kawiarnia Capuccino

Składniki:
- 1/2 filiżanki kawy rozpuszczalnej
- 3/4 szklanki cukru
- 1 szklanka odtłuszczonego mleka w proszku
- 1/2 łyżeczki suszonej skórki pomarańczowej

Wskazówki

a) Suszoną skórkę pomarańczową rozdrobnić w moździerzu

b) Użyj 2 łyżek stołowych na każdą filiżankę gorącej wody

76. Shake Cappuccino

Składniki:

- 1 szklanka odtłuszczonego mleka
- 1 1/2 łyżeczki kawy rozpuszczalnej
- 2 opakowania sztucznego słodzika
- 1/4 uncji aromatu brandy lub rumu
- 1 odrobina cynamonu

Wskazówki

a) W blenderze połącz mleko, kawę, słodzik i ekstrakt z brandy lub rumu.
b) Mieszaj, aż kawa się rozpuści.
c) Podawać z odrobiną cynamonu.
d) Aby przygotować gorący napój, podgrzej go w kuchence mikrofalowej.

77. Kremowe cappuccino

Składniki:

- 1/4 filiżanki espresso rozpuszczalnego lub ciemnej kawy palonej rozpuszczalnej
- 2 szklanki wrzącej wody
- 1/2 szklanki gęstej śmietany, ubitej
- Cynamon, gałka muszkatołowa lub drobno starta skórka pomarańczowa
- Cukier

Wskazówki

a) Kawę rozpuścić we wrzącej wodzie, wlać do małych, wysokich filiżanek.
b) Napełnianie tylko do połowy.

Dodaj odrobinę:

a) Cynamon, gałka muszkatołowa lub drobno starta skórka pomarańczowa
b) Włóż śmietankę do kawy.

78. Mrożone Cappuccino

Składniki:
- 2 miarki mrożonego jogurtu waniliowego - podzielone
- 1/2 szklanki mleka
- 1 łyżka sproszkowanej czekolady Hershey's
- 1 1/2 łyżeczki granulatu kawy rozpuszczalnej

Wskazówki

a) Umieść 1 miarkę mrożonego jogurtu, mleko, czekoladę w proszku i granulki kawy w robocie kuchennym lub blenderze.
b) Przetwarzaj przez 30 sekund lub do uzyskania gładkości.
c) Wlać do wysokiej szklanki typu fontanna sodowa.
d) Całość posyp pozostałą łyżką jogurtu.

KAWA OWOCOWA

79. Kawa Malinowa

Składniki:
- 1/4 szklanki brązowego cukru
- Fusy do dzbanka zwykłej kawy na 6 filiżanek
- 2 łyżeczki ekstraktu z malin

Wskazówki

a) Do pustego dzbanka po kawie włóż ekstrakt malinowy
b) Umieść brązowy cukier i fusy w filtrze do kawy
c) Dodaj 6 szklanek wody na górę i zaparz garnek.

80. Świąteczna kawa

Składniki:
- 1 dzbanek kawy (odpowiednik 10 filiżanek)
- 1/2 szklanki cukru
- 1/3 szklanki wody
- 1/4 szklanki niesłodzonego kakao
- 1/4 łyżeczki cynamonu
- 1 szczypta startej gałki muszkatołowej
- Śmietana do ubijania

Wskazówki
a) Przygotuj dzbanek kawy.
b) W średnim rondelku podgrzej wodę do niskiego wrzenia. Dodać cukier, kakao, cynamon i gałkę muszkatołową.
c) Doprowadzić ponownie do niskiego wrzenia przez około minutę – od czasu do czasu mieszając.
d) Połącz mieszankę kawy i kakao/przypraw i podawaj z bitą śmietaną.

81. Bogata kawa kokosowa

Składniki:
- 2 szklanki Pół na pół
- 15 uncji Puszka kremu kokosowego
- 4 filiżanki gorącej kawy parzonej
- Słodzona bita śmietana

Wskazówki

a) Doprowadzić pół na pół i śmietankę kokosową do wrzenia w rondlu na średnim ogniu, ciągle mieszając.
b) Wmieszać kawę.
c) Podawać ze słodzoną bitą śmietaną.

82. Czekoladowa Kawa Bananowa

Składniki:

- Przygotuj dzbanek zwykłej kawy na 12 filiżanek

- Dodaj 1/2-1 łyżeczki ekstraktu bananowego

- Dodaj 1-11/2 łyżeczki kakao

Wskazówki

a) Łączyć
b) Takie proste... i idealne dla domu pełnego gości

83. Kawa z Czarnego Lasu

Składniki:
- 6 oz. Świeżo parzona kawa
- 2 łyżki syropu czekoladowego
- 1 łyżka soku z wiśni Maraschino
- Bita śmietana
- Ogolona czekolada
- Wiśnie Maraskino

Wskazówki

a) W filiżance wymieszaj kawę, syrop czekoladowy i sok wiśniowy. Dobrze wymieszaj.

b) Na wierzch udekoruj bitą śmietaną, wiórkami czekoladowymi i wiśnią lub 2.

84. Kawa Maraschino

Składniki:
- 1 filiżanka czarnej kawy
- 1 uncja. Amaretto
- Bita polewa
- 1 wiśnia maraschino

Wskazówki
a) Napełnij kubek lub filiżankę gorącą czarną kawą. Wymieszaj amaretto.
b) Na wierzch udekoruj bitą polewą i wiśnią.

85. Czekoladowa Kawa Migdałowa

Składniki:

- 1/3 filiżanki kawy mielonej
- 1/4 łyżeczki świeżo zmielonej gałki muszkatołowej
- 1/2 łyżeczki ekstraktu czekoladowego
- 1/2 łyżeczki ekstraktu migdałowego
- 1/4 szklanki prażonych migdałów, posiekanych

Wskazówki

a) Przetwórz gałkę muszkatołową i kawę, dodaj ekstrakty. Przetwarzaj 10 sekund dłużej. Włożyć do miski i wymieszać w migdałach. Przechowywać w lodówce.
b) Na 8 porcji po sześć uncji. Parzenie: Umieść mieszankę w filtrze automatycznego ekspresu przelewowego.
c) Dodaj 6 szklanek wody i zaparz

86. Kawa z napojem gazowanym

Składniki:
- 3 filiżanki schłodzonej kawy o podwójnej mocy
- 1 łyżka cukru
- 1 szklanka Pół na pół
- 4 miarki (1 litr) lodów kawowych
- 3/4 szklanki schłodzonej wody gazowanej klubowej
- Słodzona bita śmietana
- 4 wiśnie Maraschino,
- Udekoruj loki czekoladowe lub kakao

Wskazówki

a) Połącz mieszankę kawy i cukru w połowie na pół.
b) Napełnij do połowy 4 wysokie szklanki po napojach mieszanką kawy
c) Dodaj gałkę lodów i uzupełnij szklanki sodą do pełna.
d) Udekoruj bitą śmietaną, czekoladą lub kakao.
e) Świetna propozycja na imprezy
f) Na imprezy z młodzieżą używaj napojów bezkofeinowych

87. Kawa wiedeńska

Składniki:

- 2/3 filiżanki suchej kawy rozpuszczalnej
- 2/3 szklanki cukru
- 3/4 szklanki sproszkowanej, niemlecznej śmietanki
- 1/2 łyżeczki cynamonu
- Posiekaj zmielone ziele angielskie, goździki i gałkę muszkatołową.

Wskazówki

a) Wszystkie składniki wymieszać i przechowywać w szczelnym słoiku.
b) Zmieszaj 4 łyżeczki z jedną szklanką gorącej wody.
c) To wspaniały prezent.
d) Wszystkie składniki umieścić w słoiku konserwowym.
e) Udekoruj wstążką i przywieszką.
f) Na zawieszce powinna być napisana maszynowo instrukcja mieszania.

88. Espresso Romano

Składniki:

- 1/4 filiżanki drobno mielonej kawy
- 1 1/2 szklanki zimnej wody
- 2 paski skórki cytrynowej

Wskazówki

a) dzbanka kroplowego
b) Dodać wodę i zaparzyć zgodnie z instrukcją parzenia maszynowego
c) Dodaj cytrynę do każdej filiżanki
d) Podawać

MIESZANKI KAWOWE

89. Kawiarnia Au Lait

Składniki:

- 1 szklanka mleka
- 1 szklanka Lekki krem
- 3 łyżki kawy rozpuszczalnej
- 2 szklanki wrzącej wody

Wskazówki

a) Na małym ogniu podgrzej mleko i śmietanę, aż będą gorące. W międzyczasie rozpuść kawę we wrzącej wodzie. Przed podaniem ubijaj mieszankę mleczną za pomocą ubijaka obrotowego, aż zacznie się pienić. Do ogrzanego dzbanka wlać mieszaninę mleka, a do osobnego dzbanka kawę.

b) Sposób podania: Napełnij kubki, nalewając je jednocześnie z obu dzbanków, tak aby strumienie spotykały się podczas nalewania.

c) Ta kawa stanowi wspaniałą prezentację, a także pyszną przysługę.

90. Natychmiastowe pomarańczowe cappuccino

Składniki:
- 1/3 szklanki śmietanki w proszku bez nabiału
- 1/3 szklanki cukru
- 1/4 kawy rozpuszczalnej suszonej
- 1 lub 2 pomarańczowe twarde cukierki (rozgniecione)

Wskazówki

a) Wszystkie składniki zmiksować razem w mikserze.
b) Wymieszaj 1 łyżkę stołową z 3/4 szklanki gorącej wody.
c) Przechowywać w szczelnym słoiku.

91. Mieszanka mokki w stylu szwajcarskim

Składniki:

- 1/2 szklanki granulatu kawy rozpuszczalnej
- 1/2 szklanki cukru
- 2 łyżki kakao
- 1 szklanka odtłuszczonego mleka w proszku

Wskazówki

a) Połącz wszystko i dobrze wymieszaj. Przechowuj mieszankę w szczelnym pojemniku.
b) Dla każdej porcji:
c) Umieść 1 łyżkę stołową + 1 łyżeczkę. wymieszać w filiżance.
d) Dodaj 1 szklankę wrzącej wody i dobrze wymieszaj.

92. Natychmiastowa kremowa kawa irlandzka

Składniki:

- 1 1/2 szklanki ciepłej wody
- 1 łyżka kryształków kawy rozpuszczalnej
- 1/4 szklanki irlandzkiej whisky
- Brązowy cukier do smaku
- Bita Polewa

Wskazówki

a) W miarce na 2 filiżanki połącz wodę i kryształki kawy rozpuszczalnej. Kuchenka mikrofalowa, bez przykrycia, na 100% mocy, około 4 minut lub tylko do momentu zaparowania.

b) Dodaj irlandzką whisky i brązowy cukier. Podawać w kubkach.

c) Każdy kubek posmaruj bitą polewą.

93. Mieszanka kawy mokka

Składniki:

- 1/4 szklanki śmietanki w proszku bez nabiału
- 1/3 szklanki cukru
- 1/4 filiżanki suchej kawy rozpuszczalnej
- 2 łyżki stołowe. Kakao

Wskazówki

a) Wszystkie składniki umieścić w mikserze, ubijać na najwyższych obrotach, aż składniki się dobrze połączą. Wymieszaj 1 1/2 łyżki

b) z kubkiem gorącej wody.

c) Przechowywać w szczelnym słoiku. Na przykład słoik konserwowy.

94. Kawa rozpuszczalna typu Mocha

Składniki:

- 1 szklanka kryształków kawy rozpuszczalnej
- 1 szklanka gorącej czekolady lub mieszanki kakaowej
- 1 szklanka śmietanki bezmlecznej
- 1/2 szklanki cukru

Wskazówki

a) Połącz wszystkie składniki; dokładnie wymieszać. Przechowywać w szczelnie zamkniętym słoju. Wypróbuj słoik konserwowy.

b) Sposób podania: Umieść 1 1/2 - 2 łyżki stołowe w filiżance lub kubku.

c) Zalać wrzątkiem tak, aby napełnić filiżankę.

d) Na 3 1/2 filiżanki mieszanki kawowej lub około 25 lub więcej porcji.

95. Wiedeńska mieszanka kawowa

Składniki:

- 2/3 filiżanki (niewielkiej) suszonej kawy rozpuszczalnej
- 2/3 szklanki cukru
- 3/4 szklanki śmietanki w proszku bez nabiału
- 1/2 łyżeczki cynamonu
- kreska Zmielone ziele angielskie
- posiekaj goździki
- odrobina gałki muszkatołowej

Wskazówki

a) Wszystkie składniki wymieszać i przechowywać w szczelnym słoiczku.

b) Zmieszaj 4 łyżeczki z 1 szklanką gorącej wody.

96. Mieszanka kawowa na noc

Składniki:

- 2/3 szklanki śmietanki do kawy bezmlecznej
- 1/3 szklanki granulatu kawy rozpuszczalnej bezkofeinowej
- 1/3 szklanki cukru granulowanego
- 1 łyżeczka mielonego kardamonu
- 1/2 łyżeczki mielonego cynamonu

Wskazówki

a) Połącz wszystkie składniki w średniej misce; mieszaj, aż dobrze się wymiesza.
b) Przechowywać w szczelnym pojemniku. Daje 1 1/3 filiżanki mieszanki kawy
c) Łyżka 1 czubata łyżka mieszanki kawowej do 8 uncji gorącej wody. Mieszaj, aż dobrze się wymiesza.

97. Mieszanka Cappuccino

Składniki:

- 6 łyżek kawy rozpuszczalnej
- 4 łyżki niesłodzonego kakao
- 1 łyżeczka mielonego cynamonu
- 5 łyżek cukru
- Bita śmietana

Wskazówki

a) Wymieszaj wszystkie składniki.
b) Do przygotowania jednej porcji kawy użyj 1 łyżki mieszanki i włóż ją do dużego kubka; zalać 1 ½ szklanki wrzącej wody i wymieszać.
c) Posmaruj bitą śmietaną

98. Mieszanka kawiarnianego cappuccino

Składniki:

- 1/2 filiżanki kawy rozpuszczalnej
- 3/4 szklanki cukru
- 1 szklanka odtłuszczonego mleka w proszku
- 1/2 łyżeczki Suszona skórka pomarańczowa

Wskazówki

a) Suszoną skórkę pomarańczową rozetrzeć w moździerzu. Wymieszaj wszystkie składniki.
b) Za pomocą blendera wymieszaj, aż uzyskasz proszek.
c) Dla każdej porcji:
d) Użyj 2 łyżek stołowych na każdą filiżankę gorącej wody.
e) Wychodzi około 2 1/4 szklanki mieszanki.

99. Luizjana Kawiarnia z Mlekiem

Składniki:

- 2 szklanki mleka
- Cukier
- 1 filiżanka kawy z Luizjany

Wskazówki

a) Włóż mleko do rondla; doprowadzić do wrzenia.

b) Do filiżanek wlać jednocześnie gorącą, świeżo zaparzoną kawę i mleko; dosłodzić cukrem do smaku.

100. Kawa z Indii Zachodnich

Składniki:

- 3 1/2 szklanki pełnego mleka
- 1/4 filiżanki kawy rozpuszczalnej
- 1/4 szklanki brązowego cukru
- 1 szczypta soli

Wskazówki

a) Do kubka wsyp kawę rozpuszczalną, brązowy cukier i sól.
b) Ostrożnie doprowadź mleko do momentu, aż zacznie się gotować. Mieszaj do rozpuszczenia.
c) Podawać w ciężkich kubkach.
d) Na 4 porcje.

WNIOSEK

Są miliony ludzi, którzy po prostu kochają smak kawy. Smak ten jest inny dla każdego kawosza ze względu na ogromną różnorodność smaków, wypaleń i odmian kawy dostępnych na rynku. Niektórzy ludzie lubią głęboki smak ciemnej kawy, podczas gdy inni wolą jaśniejsze palenie, które jest gładkie i łagodne.

Niezależnie od smaku, ludzie chętnie wypiją poranną filiżankę kawy. Najczęstsze powody, dla których ludzie piją kawę, są tak różnorodne, jak rodzaje kawy dostępnej do picia. Niezależnie od powodów, dla których ludzie piją kawę, pod względem spożycia zajmuje ona drugie miejsce po wodzie, a każdego dnia liczba osób pijących kawę ogromnie rośnie, dodając do listy własne powody, dla których ją pije.

Jeśli jesteś entuzjastą kawy lub nowo nawróconym, ta książka kucharska w dużym stopniu pomoże Ci pogłębić Twoją miłość do kawy!

Miłego warzenia!

www.ingramcontent.com/pod-product-compliance
Lightning Source LLC
Chambersburg PA
CBHW070409120526
44590CB00014B/1329